TRAÇOS

ENSAIO FOTOGRÁFICO

Daniel Ducci

Joana França

CURADORIA

Gringo Cardia

arteensaio

Arqueologia urbana

EVELISE GRUNOW

Neste livro estão retratadas arquiteturas de São Paulo e do Rio de Janeiro, as duas metrópoles brasileiras mais populosas. Expostas sem ordem cronológica ou de estilo, seu registro não é endereçado, prioritariamente, a especialistas em arquitetura ou urbanismo. É, ao contrário, uma obra dedicada a todos aqueles que mantêm um olhar curioso pelas cidades, por sua história, sociedade e cultura, cujos traços, de hoje e de outrora, se revelam em detalhes das construções e das paisagens urbanas.

O título do livro, *Traços*, refere-se, portanto, tanto ao fato de se tratar de uma investigação fotográfica – atual – sobre duas importantes cidades, naturalmente urbanizadas, quanto à opção curatorial de fazê-la sobretudo através de fragmentos visuais. O que não significa que a intenção seja envolver o leitor, ou espectador?, em uma espécie de charada, e sim apresentá-lo a uma visão especial – não convencional – do objeto retratado. O resultado é um trabalho de arqueologia urbana, como menciona o curador, o cenógrafo Gringo Cardia.

Embora não carioca de nascimento, foi no Rio de Janeiro que o gaúcho Gringo Cardia trilhou carreira. A ele – arquiteto de formação mas atuante em várias frentes das artes visuais além da cenografia, como design gráfico, expografia, videografia, direção de arte de audiovisuais e apresentações musicais e, pode-se dizer, também fotografia – interessa a vivacidade das sociedades. Isto é, as manifestações de seus saberes, hábitos, ritos e técnicas, muitas vezes apreendidos em realizações materiais e visuais. Das quais fazem parte a arquitetura e o urbanismo, que, ainda que representem campos disciplinares específicos, funcionam, conforme as artes plásticas, como testemunhos de épocas.

Arquitetura e urbanismo são, ambos, o campo de trabalho de Joana França e Daniel Ducci, os dois fotógrafos convidados por Gringo Cardia para compor *Traços*. Joana, nascida e residente em Brasília, é a autora das imagens do Rio de Janeiro, enquanto o paulista Ducci assina as fotos de sua cidade natal. Apesar de habituados aos requisitos tradicionais das fotografias de arquitetura impressas em publicações especializadas no Brasil e no exterior, esses jovens profissionais desenvolvem também os seus ensaios independentes. Neles, criam fotos em que tem importância secundária o didatismo exigido pelo meio especializado da arquitetura, permitindo-se experimentar enquadramentos diversos, saturações mais acentuadas e o registrro de interações das pessoas com objetos e lugares.

A Ducci, nesse sentido, interessa a essência urbana da arquitetura paulista, ou seja, retratar o envoltório das construções – numa sucessão de prédios enfileirados – e enfatizar os materiais, de modo a dar voz a diferentes épocas e tipos de arquiteturas através do foco concentrado nos aspectos do como e com o que elas são feitas. Em certo sentido, pode-se dizer que ele desmitifica o ícone arquitetônico sem, contudo, contestar sua relevância para a história da cidade e de seus habitantes.

Joana, por sua vez, é motivada a observar a relação das pessoas com os lugares e a registrar a passagem do tempo, o que dá eloquência às suas fotos noturnas, nas quais se percebe o contraste do natural com o edificado pela presença ou ausência da luz artificial. Estão igualmente em seu campo de investigação as possibilidades ligadas ao uso de novas tecnologias, quer dizer, as imagens aéreas e em movimento feitas por meio da manipulação de drones. É dessa multiplicidade de olhares e competências que surge o livro *Traços*, em que sujeito – curador e fotógrafos – e objeto – arquitetura e cidades – interagem em equilíbrio de forças.

Assim, nas páginas a seguir, vê-se a Zona Central de São Paulo com a lateral do pórtico da Praça do Patriarca pressionada pela imagem parcial, em primeiro plano, do ônibus que atravessa o Viaduto do Chá. E tem-se notícia das infraestruturas paulistanas através da foto do edifício-ponte da estação Sumaré do metrô, que revela, com sua transparência e seu grafismo, a presença do usuário. Comparecem também as texturas visuais e o convívio de épocas no Sesc Pompeia, a irreverência do Hotel Unique, o dia a dia em condomínios residenciais – que parecem invadir as ruas, dependendo do ponto de vista do observador – e a arquitetura sofisticada (senão, envidraçada) das torres de escritórios.

Do Rio, as imagens aéreas são testemunhos irrefutáveis da peculiar relação da natureza com o homem, uma espécie de queda de braço em que ora um sai vencedor, ora outro, ora ambos. É este o sentido da foto noturna que Joana faz do mar entrevisto por camadas sequenciais de prédios anônimos. E daquela em que se mostram os morros contornados por edificações nas imediações da Lagoa Rodrigo de Freitas. Há ainda registros, como o da piscina do Parque Lage ou do céu que pressiona a cobertura do Maracanã, em que se nota a onipresença da natureza na cidade derivando para o convívio do morro com o asfalto, ou da cidade formal com a informal, expresso na organização, ou na falta dela, das janelas das construções de Copacabana e do seu vizinho Morro do Pavão-Pavãozinho.

Se há diferenças entre São Paulo e Rio de Janeiro, há, por outro lado, coincidências marcantes – seja a da coexistência de construções de diferentes estilos e épocas, seja a da importância que teve a produção moderna de arquitetura na conformação do viver em grandes cidades. Prédios habitacionais de grande escala são, assim, parte das obras retratadas pelos fotógrafos, contudo, enquadrados de modo a se perceber a sua inserção no território.

De fato, não faltam exemplos de realizações modernistas em *Traços*, vistos aqui sob ângulos diversos: por vezes parciais, por vezes de acento gráfico – como as vistas aéreas do Aterro do Flamengo, em que o abstracionismo do desenho de Burle Marx interage com a sinuosidade da orla. E por vezes, ainda, destacando-se a qualidade dos espaços intermediários (pilotis, galerias, entre outros), valorizados pela arquitetura moderna como forma de criar um meio-termo entre o natural e o edificado. E de se viver, confortavelmente, sob o sol.

A parte fala pelo todo em *Traços*. E, nesse caminho, faz pensar na cultura visual contemporânea.

Há fotógrafos que, reagindo contra a exaltação do momento revelador tradicionalmente associado à sua arte, capaz de apreender a totalidade da cena ou do objeto retratado, capturam registros sequenciais de cenas a intervalos de tempo predeterminados para, depois, condensar parte dos instantâneos em uma imagem final. Irreal, porque montada pelo artista, mas que fala da transformação da coisa ao longo do tempo.

Este livro se insere nesse campo de reflexões. É uma obra de fotografias, de lugares e arquiteturas, mas também de pessoas. Não só porque suas imagens correspondem ao olhar do fotógrafo – em determinado instante –, mas também porque, ao expor detalhes do objeto ou da cena, muitos não usuais, eles nos chamam a atenção para a materialidade do mundo que nos cerca. E, por consequência, para aqueles que o construíram e para o tempo a que pertencem.

Urban archaeology

EVELISE GRUNOW

This book portrays the architectures of the cities of São Paulo and Rio de Janeiro – the two most populous Brazilian metropolises. Exhibited without a chronological order or style it is not primarily addressed to specialists in architecture or urbanism. It is, rather, a work dedicated to all those who keep a curious eye on cities, their history, society and culture, whose traits of today and yesterday are revealed in the details of the buildings and urban landscapes.

Therefore, the title of the book Traits refers to both the fact that it is a current photographic investigation about two important cities naturally urbanized, and to the curatorial option to do it mainly through visual fragments. This does not mean the intention is to involve the reader or spectator in a kind of charade, but to introduce them to a special and unconventional view of the portrayed object. The result is a work of urban archaeology as mentioned by the curator, the set designer Gringo Cardia.

Although he was not born in Rio de Janeiro, it was there the Gaucho Gringo Cardia made his career. What matters to him – a bachelor in architecture but active on several fronts of the visual arts besides scenography, graphic design, expography, videography, audiovisual art direction, musical performances and one may say photography also – is the vivacity of the societies. That is, the demonstration of their knowledges, habits, rites and techniques, often apprehended in visual and material achievements. These include architecture and urbanism, which even though they represent specific disciplinary fields as per the plastic arts, they function as testimonies of time.

Both architecture and urbanism are the fields of work of Joana França and Daniel Ducci, the two photographers invited by Gringo Cardia to be part of Traits. Joana, born and living in Brasília, is the author of the images of Rio de Janeiro while Ducci – from São Paulo – signs the photos of his hometown. Despite being accustomed to the traditional requirements of architectural photographs printed in specialized publications in Brazil and abroad, these two young professionals also develop their independent projects. In these projects, they create photographs in which the didacticism required by the specialized scene of architecture is of secondary importance, allowing themselves to experiment diverse framing, more pronounced saturation and the record of interactions of people with objects and places.

To Ducci, in this sense, it appeals the urban essence of the architecture of São Paulo. In other words, to portray the overlay of the constructions in a succession of aligned buildings and to emphasize the materials so that it gives voice to different periods and types of architecture through the focus on the aspects of how and with what they are made. In a sense, it can be said he demystifies the architectural icon without, however, challenging its relevance to the history of the city and its inhabitants.

Joana, in turn, is motivated to observe the relationship of people with places and to record the passage of time that gives eloquence to her nocturnal photographs, in which the contrast of the natural with the built is perceived by the presence or absence of artificial light. Her scope of investigation also includes the possibilities linked to the use of new technologies, that is to say, the aerial images and in movement made through the manipulation of drones. It is from this multiplicity of perspectives and skills the book Traits *arises, and where the subject – curator and photographers – and the object – architecture and cities – interact in a balance of forces.*

Thus, in the following pages the central part of the city of São Paulo is seen with the lateral of the porch of Patriarca Square pressed by the partial image in the foreground of the bus that crosses Viaduto do Chá (Tea Viaduct). In addition, the infrastructure of São Paulo is unveiled by the photo of the bridge-building of Sumaré subway station, which reveals with its transparency and graphics the presence of the user. There is also the visual textures and the conviviality of times at Sesc Pompeia, the irreverence of the Hotel Unique, the daily life in the residential condominiums – which seem to invade the streets, depending on the observer's point of view – and the sophisticated architecture (otherwise, glazed) of the office towers.

The aerial images of Rio de Janeiro are an irrefutable testimony of the peculiar relationship of nature with man, a kind of an arm wrestling contest when sometimes one is the winner, other times the other and some other times both. This is the sense of Joana's nocturnal photo of the sea seen through sequential layers of anonymous buildings, and the one in which hills are skirted by buildings in the surroundings of Rodrigo de Freitas Lagoon. Other examples include the photos of the pool of Lage Park or the sky that presses the cover of Maracanã Stadium, which shows the omnipresence of nature in the city resulting in the conviviality of hills with asphalt, or the photo of the formal city with the informal one expressed in the organization, or the lack thereof, of the windows of the buildings of Copacabana and its neighbor the Pavão-Pavãozinho Hill.

If there are differences between São Paulo and Rio de Janeiro, there are, nonetheless, striking coincidences: be it the coexistence of buildings of different styles and periods or the importance the modern production of architecture has had in the conformation of living in large cities. Large-scale housing states are, thus, part of the work portrayed by the photographers. However, they are framed in a way to perceive their insertion into the territory.

In fact, there is no shortage of examples of modernist achievements in Traits, seen here under various angles: sometimes partial, sometimes with a graphic accent – as the aerial views of Flamengo Park, where the abstractionism of Burle Marx's design interacts with the sinuosity of the seafront. Other times they even highlight the quality of intermediate spaces (pilotis, galleries, among others) valued by the modern architecture as a way to create a middle ground between the natural and the built to live comfortably in the sun.

The part speaks for the whole in Traits and in this way, it makes you think of the contemporary visual culture.

There are photographers who react against the exaltation of the revealing moment traditionally associated to their art, which is capable of apprehending the whole of the portrayed object or scene, capture sequential records at predetermined time intervals and then condense part of the snapshots into a final image. Unreal as it was made by the artist, but talking about the transformation of the subject over time.

This book is part of this scope of reflection. It is a work of photographs, places and architectures, but also of people. Not only because its images correspond to the eye of the photographer – at a given moment –, but also because they expose details of the object or scene, many unusual ones, and call our attention to the materiality of the world around us. And, consequently, to those who built it and to the time to which they belong.

The city may be just a river, a tower, a street

The overlay of time

An image of the past that is not coming back

Undefined geography

Architecture and nature

A combination of curves and beauty

The ultimate synonym of elegance

A cidade pode ser apenas um rio,
uma torre, uma rua

A superposição do tempo

Imagem do passado que não volta mais

Geografia indefinida

Arquitetura e natureza

Combinação da curva com a beleza

A tradução máxima da elegância

The dreamed city

The towers that reach the skies

The city that looks at itself

Reviving the past

Rediscovering the future

The struggle to remain beautiful

The lines that separate the inner from the outer

The fragmentation of the city

The contemporary chaos

The labyrinth of styles

Cities over cities

A cidade sonhada

As torres que alcançam os céus

A cidade que olha para si mesma

Reviver o passado

Reencontrar o futuro

A luta para continuar linda

As linhas que separam a parte
de dentro e a de fora

A fragmentação da cidade

O caos contemporâneo

O labirinto de estilos

Cidades sobre cidades

Layers of time

The coexistence of improbable styles

The postmodern legacy

Unusual blends

The city exists and has a secret

The light and the dark

The fullness and the emptiness

Camadas do tempo

A convivência de estilos improváveis

A herança pós-moderna

Misturas inusitadas

A cidade existe e possui um segredo

O claro e o escuro

O cheio e o vazio

The light that illuminates the window

*The solstices and equinoxes, which highlight
and modify shadows and shapes*

Water and forest embrace the city

The wonderful city

The stone and the steel

The concrete poetry of its corners

Glorious cities

That vanity excites

A luz que ilumina a janela

Os solstícios e equinócios que realçam
e modificam as sombras e as formas

A água e a floresta abraçam a cidade

A cidade maravilhosa

A pedra e o aço

A poesia concreta de suas esquinas

Cidades gloriosas

Que a vaidade excita

Cities are like dreams

Built by desire

The place of existence

The traits of beauty

Cidades são como os sonhos

Construídos pelo desejo

O lugar da existência

Os traços da beleza

FRAGMENTOS COLECIONADOS
COLLECTED FRAGMENTS

GRINGO CARDIA

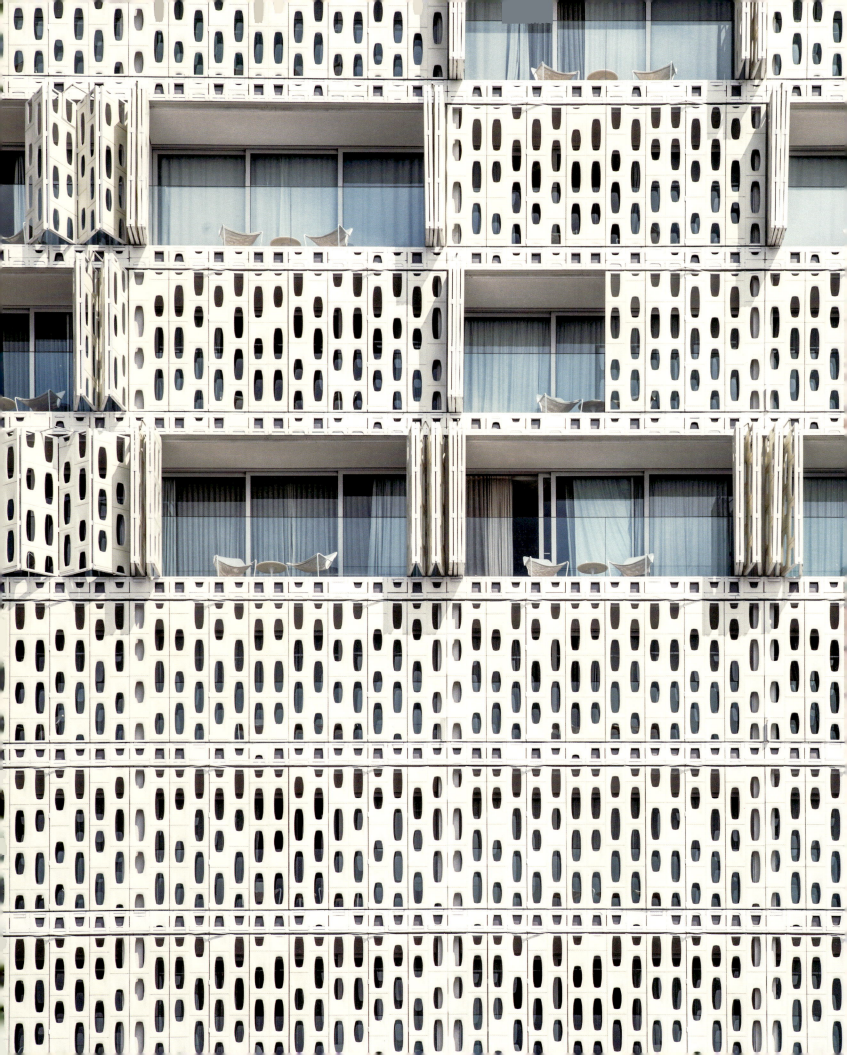

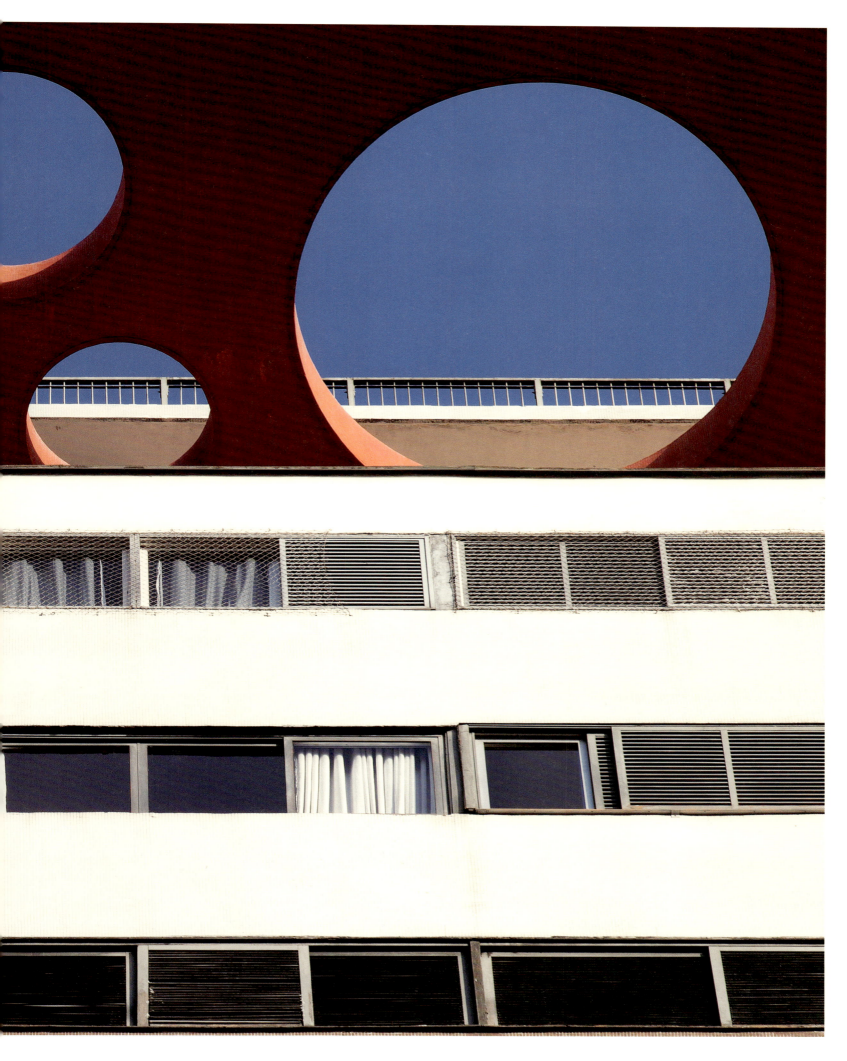

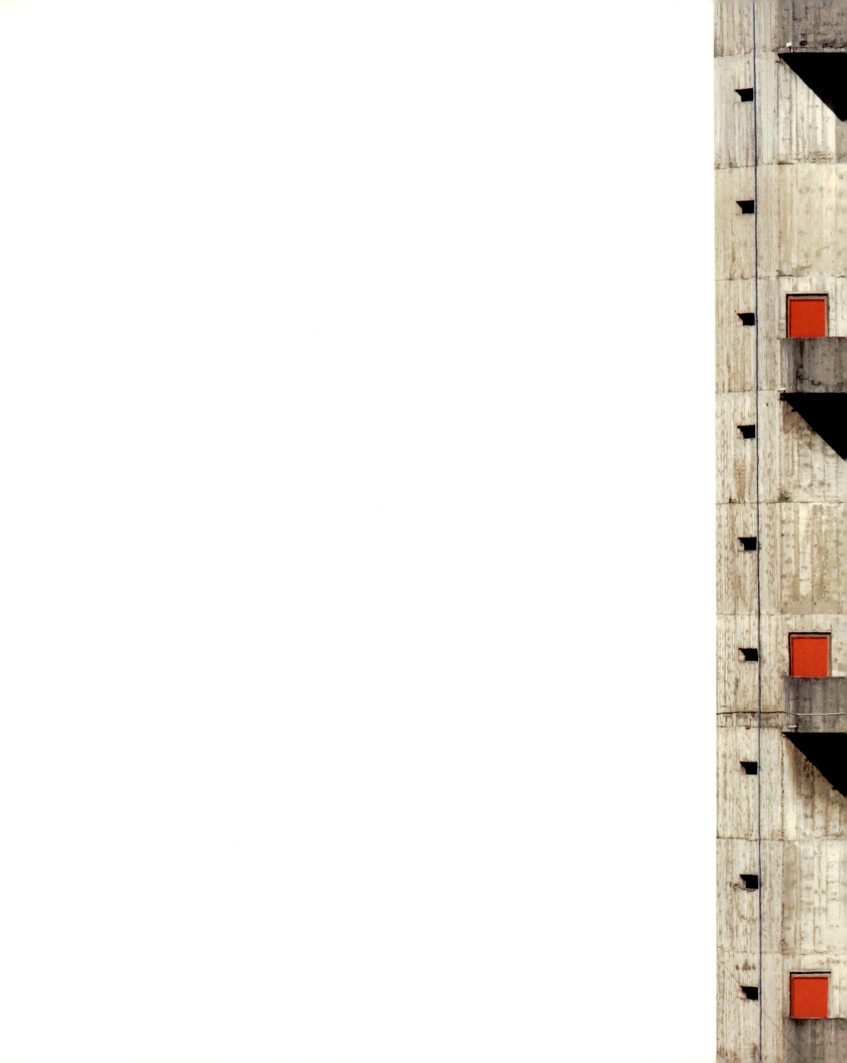

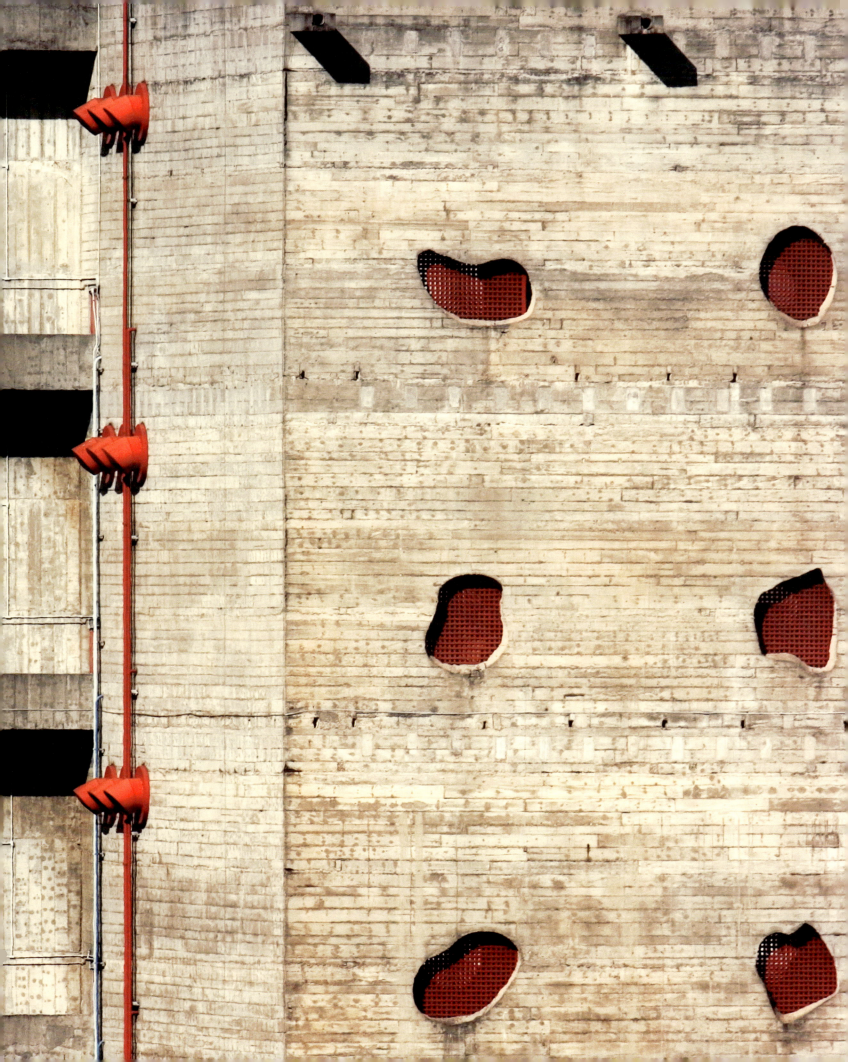

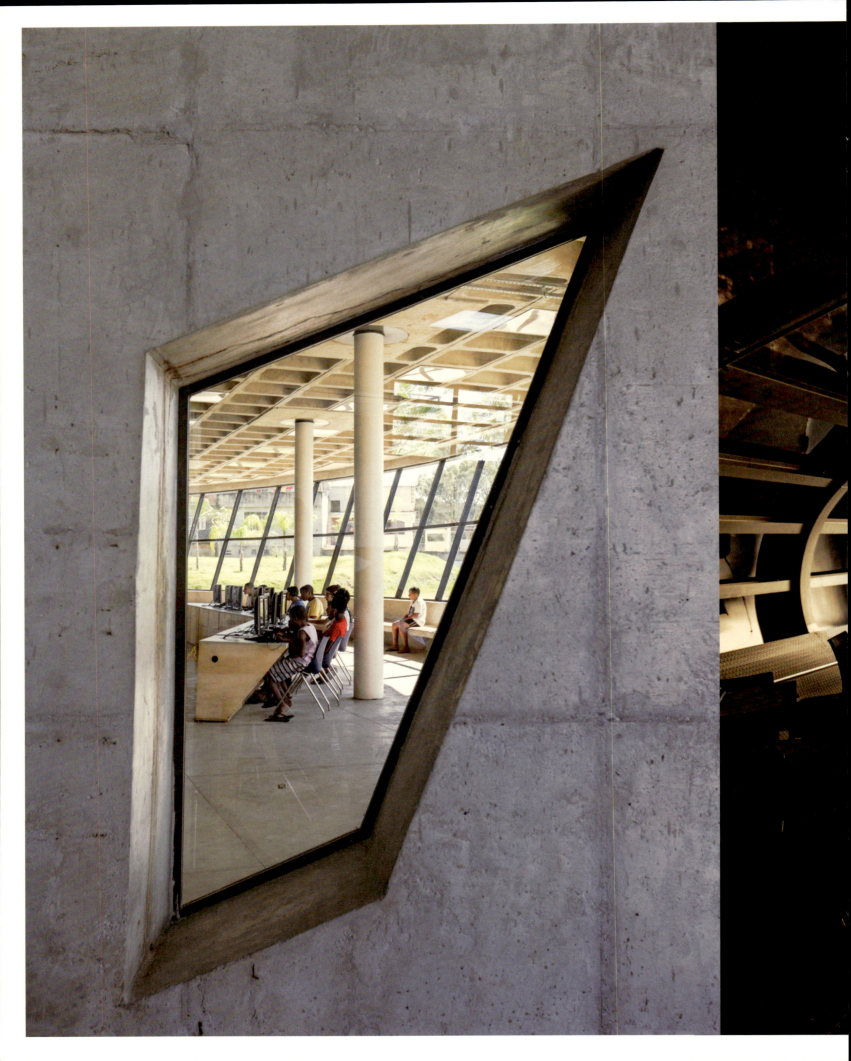

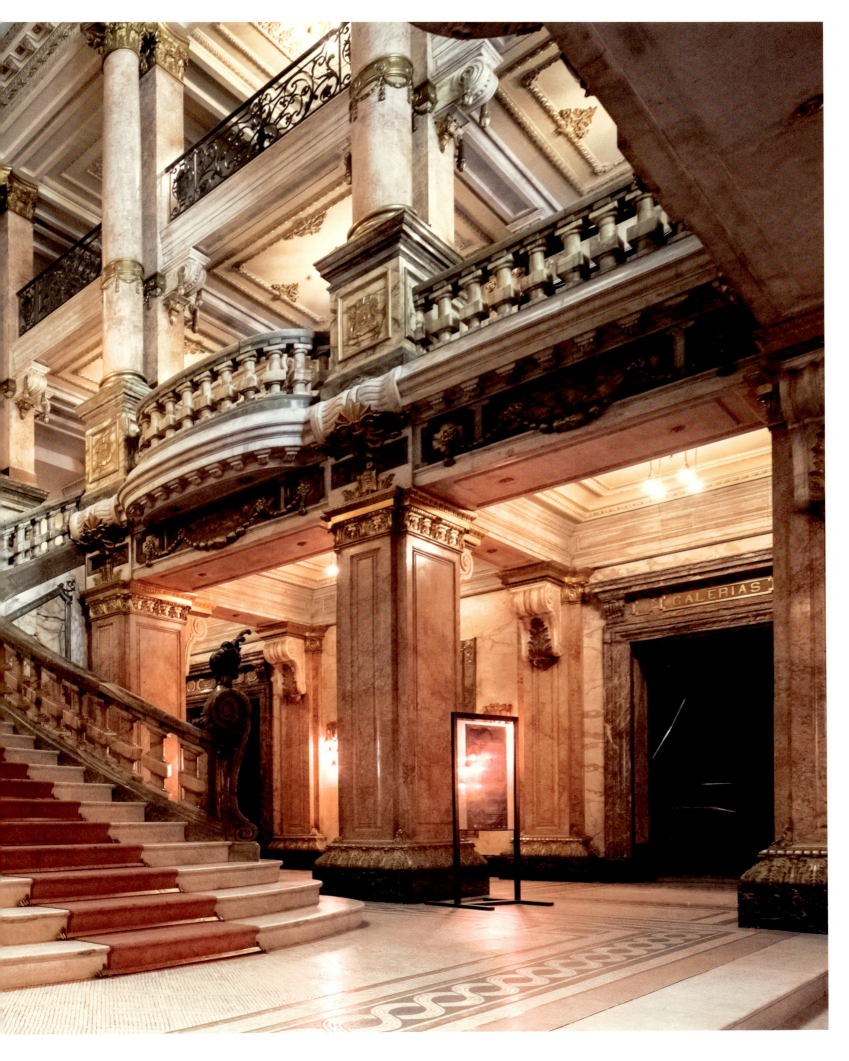

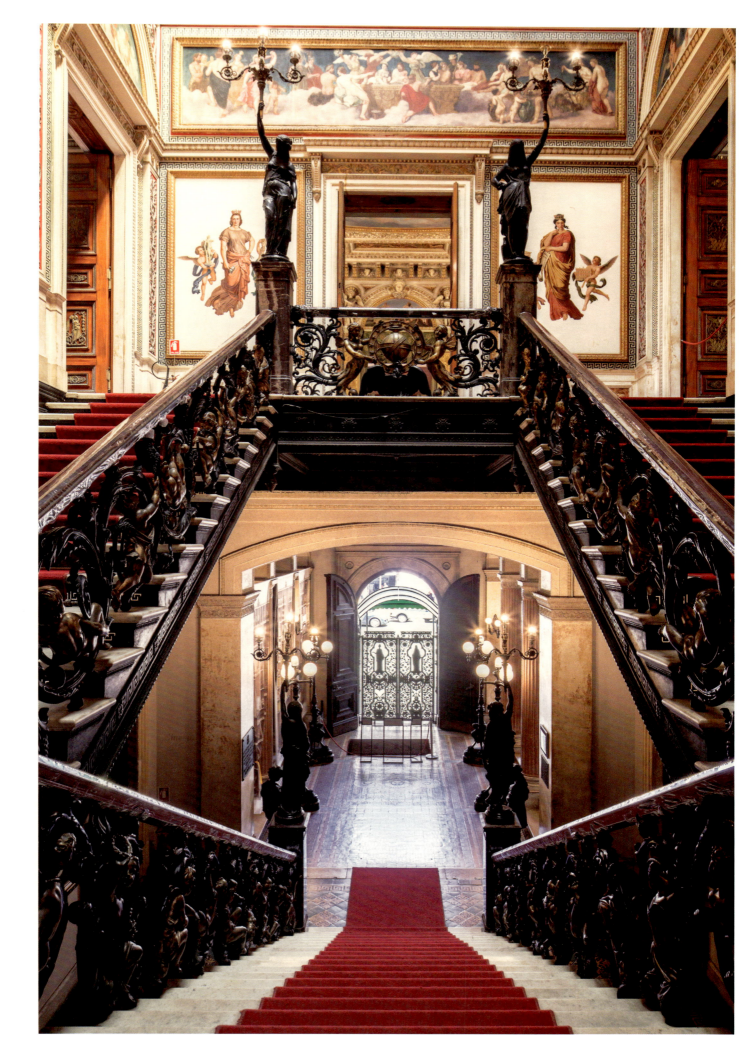

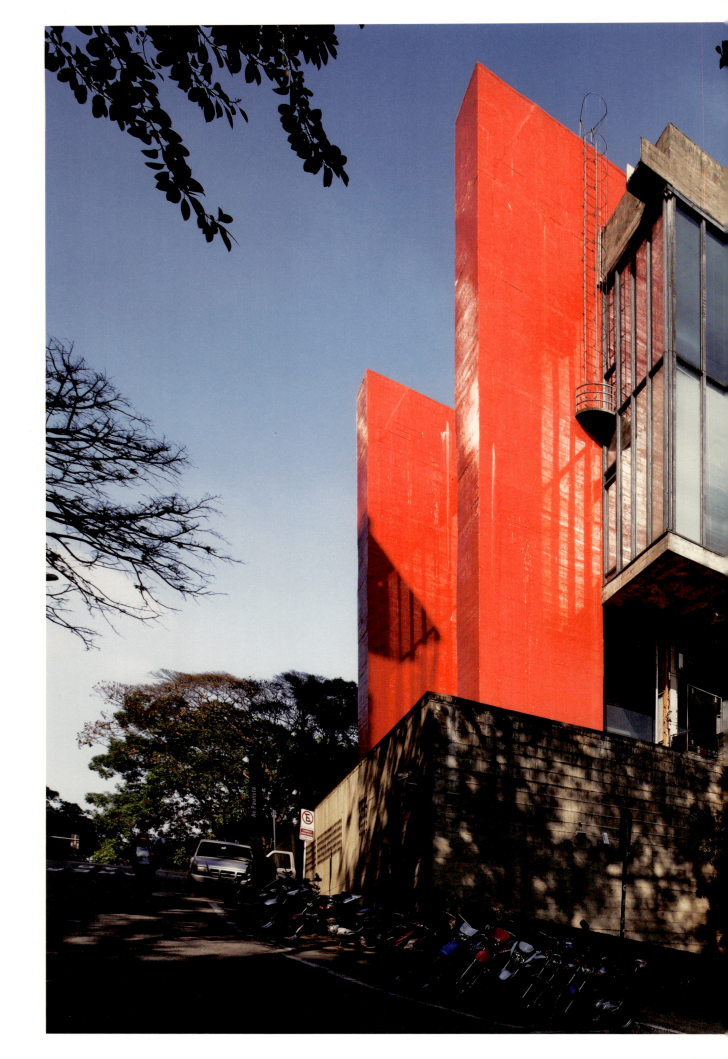

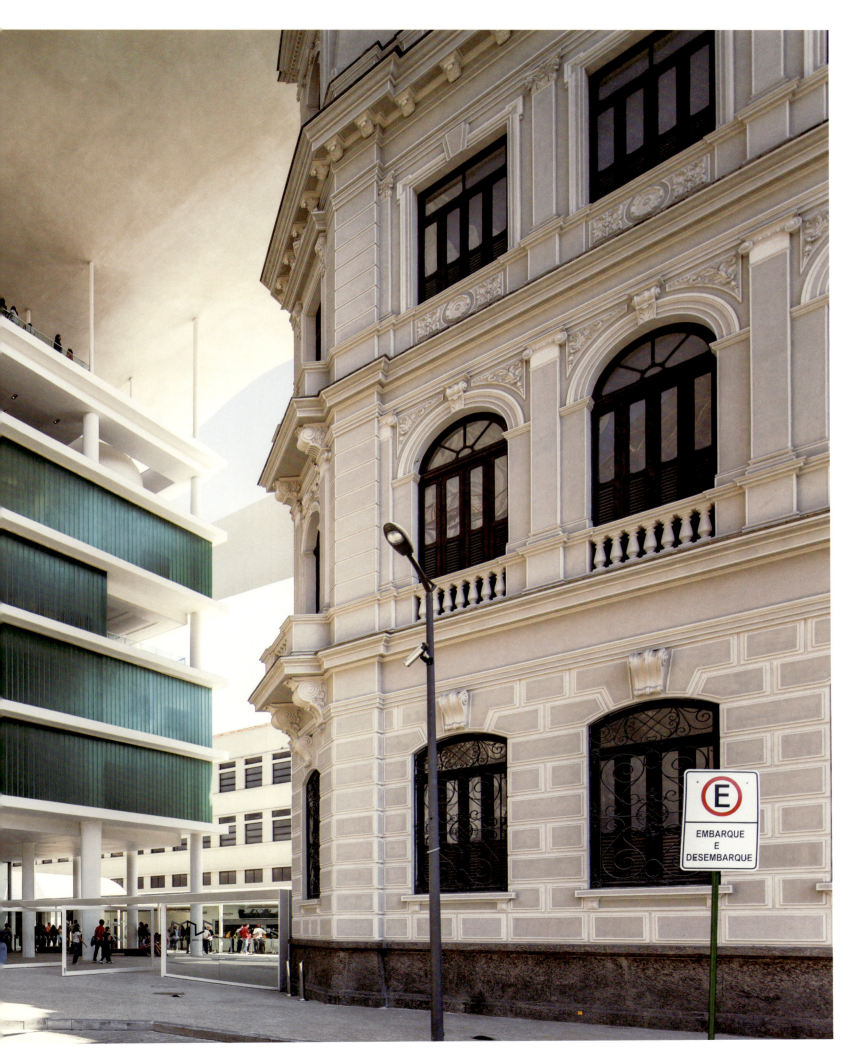

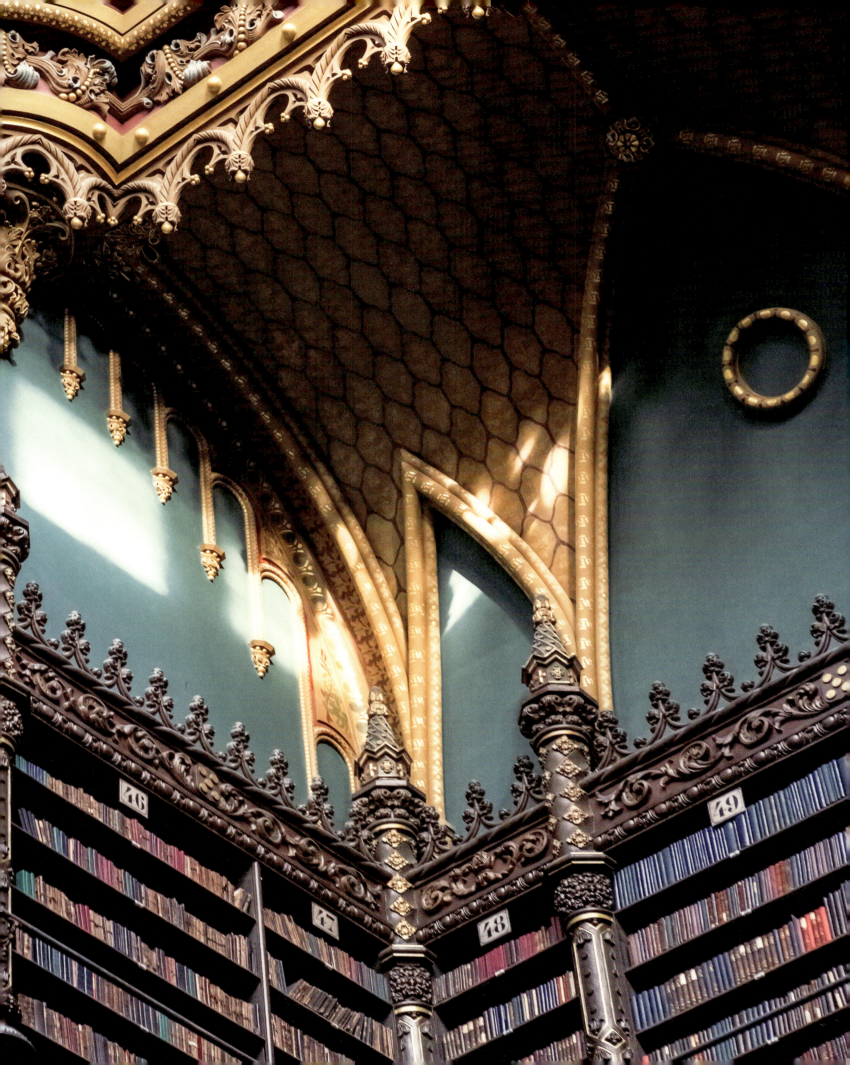

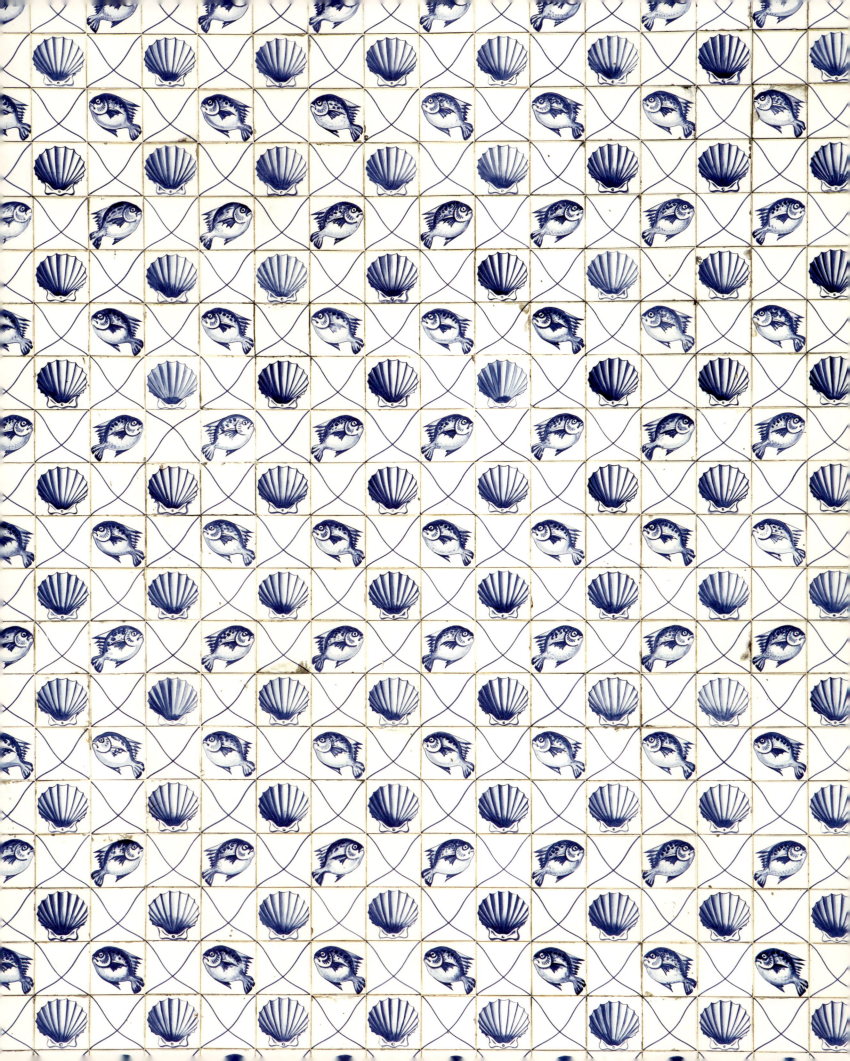

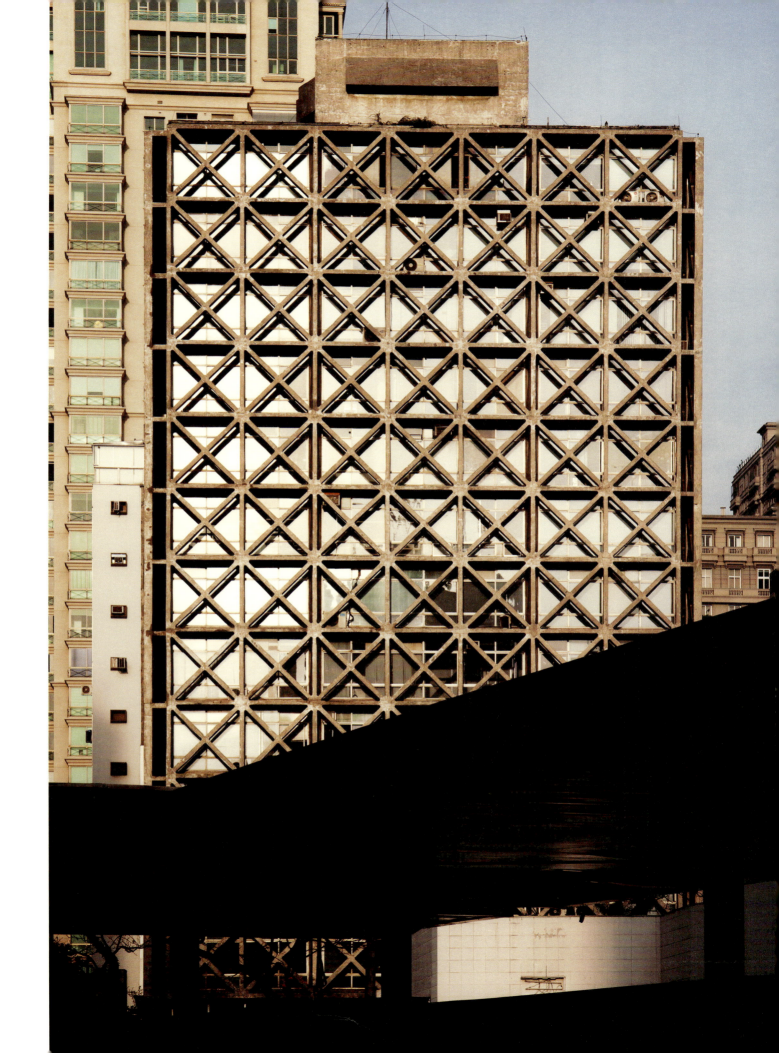

FOTOS DANIEL DUCCI / SÃO PAULO

O Pavilhão Lucas Nogueira Garcez (1951-1954), mais conhecido como Oca, integra o conjunto de edifícios projetados por Oscar Niemeyer para o Parque Ibirapuera.

Pavilhão Lucas Nogueira Garcez (1951-1954), better known as Oca, is part of the set of buildings designed by Oscar Niemeyer for the Ibirapuera Park.

A sofisticada arquitetura do Studio MK27, liderado por Marcio Kogan, é expressa pela simplicidade formal atrelada ao uso de materiais nobres. Caso dos painéis móveis e treliçados de madeira que revestem a fachada do Edifício Vertical Itaim (2011-2014), de uso residencial.

Sophisticated architecture by Studio MK27, led by Marcio Kogan, expressed by the formal simplicity linked to the use of noble materials. In the case of the movable and latticed wooden panels that coat the Edifício Vertical Itaim facade (2011-2014).

Oficialmente denominado Circolo Italiano, o Edifício Itália foi inaugurado em 1965. Seu projeto arquitetônico teve início em 1953 e é assinado por Franz Heep.

Officially called the Circolo Italiano, the Italia building was inaugurated in 1965. Its architectural project began in 1953 and is signed by Franz Heep.

Duas estações de embarque e uma via elevada com oito quilômetros de extensão integram o chamado Expresso Tiradentes (1997-2007), um projeto de Ruy Ohtake.

Two boarding stations and an elevated highway with eight kilometers of extension compose the Expresso Tiradentes (1997-2007), a project by Ruy Ohtake.

O Museu de Arte de São Paulo (1968) é um dos mais emblemáticos projetos da arquiteta ítalo-brasileira Lina Bo Bardi. No térreo, dois pórticos laterais garantem o vão livre de 70 metros.

São Paulo Art Museum (1968) is one of the most emblematic projects by the Italian-Brazilian architect Lina Bo Bardi. On the ground floor, two lateral porticos guarantee the 70 meters free span.

O Edifício Residencial Nações Unidas (1953-1962) é um dos mais belos projetos de arquitetura residencial moderna de São Paulo. Seu autor é o arquiteto Abelardo Riedy de Souza.

The United Nations Residential Building (1953-1962) is one of São Paulo's most beautiful modern residential architecture projects. Its author is the architect Abelardo Riedy de Souza.

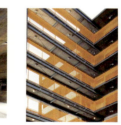

A irreverência arquitetônica do Hotel Unique (1999-2002) se deve à sua forma de meia-lua. De autoria de Ruy Ohtake, o edifício é revestido externamente com placas de mármore.

Unique Hotel's architectural irreverence (1999-2002) is due to its half-moon shape. Designed by Ruy Ohtake, the building is externally coated with marble plates.

Implantado em meio a uma topografia de vale, o Estádio do Pacaembu (Estádio Municipal Paulo Machado de Carvalho, inaugurado em 1940) tem arquitetura racionalista projetada por Ramos de Azevedo.

Implanted in the midst of a valley topography, the Pacaembu Stadium (Paulo Machado de Carvalho Municipal Stadium, opened in 1940) has a rationalist architecture designed by Ramos de Azevedo.

O complexo cultural e educacional Praça das Artes (2006-2012) está localizado no Centro de São Paulo, próximo ao Theatro Municipal. O projeto arquitetônico é da Brasil Arquitetura e Marcos Cartum.

The cultural and educational Praça das Artes complex (2006-2012) is located in Downtown São Paulo, near the Municipal Theater. The architectural project is by Brazil Architecture and Marcos Cartum.

Projeto de Marcos Boldarini, o Residencial Corruíras (2011-2013) fica nas imediações da Avenida Águas Espraiadas.

A project by Marcos Boldarini, Residencial Corruíras (2011-2013) is in the vicinity of Águas Espraiadas Avenue.

O Centro de Lazer Fábrica da Pompeia (1977-1983), conhecido como Sesc-Pompeia, é um dos impactantes projetos de Lina Bo Bardi para a capital paulista. Instalado junto a uma antiga fábrica de tambores, o complexo integra uma nova construção de concreto e a reapropriação de dependências fabris, em meio às quais se destacam elementos de fabricação artesanal.

The Centro de Lazer Fábrica da Pompeia (1977-1983), known as Sesc-Pompeia, is one of the impressive projects by Lina Bo Bardi for the city of São Paulo. Installed next to an old drums factory, the complex integrates a new concrete construction and the reappropriation of factory premises, among which elements of craftsmanship stand out.

Edifício projetado pelo Escritório Técnico Ramos de Azevedo para abrigar a Bolsa de Mercadorias de São Paulo (1930-1933). Localizado junto ao Pátio do Colégio, no Centro, atualmente abriga o Tribunal de Justiça do Estado de São Paulo. A estátua do deus grego Hermes representativo da atividade comercial, destaca-se em meio aos elementos decorativos da eclética edificação.

Building designed by Ramos de Azevedo Technical Office to house the São Paulo Stock Exchange (1930-1933). Located next to the School's Courtyard, in Downtown, currently houses the São Paulo State Justice Court. The Greek god statue, Hermes, representative of the commercial activity, stands out among the eclectic building decorative elements.

O Auditório Ibirapuera (1950-2005) foi o último dos equipamentos concebidos por Oscar Niemeyer a ser construído no parque de mesmo nome. A simplicidade formal da arquitetura contrasta com a suntuosidade dos interiores, expressa tanto pela generosidade dos espaços quanto pela arte de Tomie Ohtake.

The Auditório Ibirapuera (1950-2005) was the last equipment designed by Oscar Niemeyer to be built in the park that carries the same name. The architecture formal simplicity contrasts with the interiors sumptuousness, expressed both by the generosity of spaces and the Tomie Ohtake art.

A delgada marquise de concreto do Parque Ibirapuera, projeto de Oscar Niemeyer, é um espaço de extrema vitalidade social.

The Ibirapuera Park thin concrete marquee, an Oscar Niemeyer project, a space of extreme social vitality.

O projeto inicial do Edifício Martinelli (1924-1929), concebido para ter 12 pavimentos, era do arquiteto húngaro William Fillinger. No decorrer da construção, contudo, o desenho foi sendo alterado pelo próprio contratante, o comendador Martinelli, até que o prédio, de três torres e com fachadas reentrantes, atingiu a altura de 30 andares.

The Edifício Martinelli (1924-1929) initial project by the Hungarian architect William Fillinger was designed to have 12 decks. In the course of construction, however, the design was altered by the contractor himself, Commander Martinelli, until the building, with three towers and with reentry facades, reached the height of 30 floors.

Situado no Centro de São Paulo, o Edifício Sampaio Moreira (1924) é um exemplar da arquitetura eclética paulista. Foi projetado pelos arquitetos Christiano Stockler das Neves e Samuel das Neves e tem decoração interior que mescla rococó e neoclassicismo. Sua escadaria é feita com mármore Carrara.

Located in Downtown São Paulo, the Sampaio Moreira building (1924) is an example of São Paulo's eclectic architecture. It was designed by the architects Christiano Stockler das Neves and Samuel das Neves and its interior decoration mixes rococo and neoclassicism. Its stairway is made with Carrara marble.

O Palácio de Justiça de São Paulo (1929-1933) é de estilo neoclássico. Seus luxuosos interiores, de cunho barroco, têm revestimento de mármore e são ornamentados com painéis, vitrais, murais e pinturas. A autoria é do arquiteto Ramos de Azevedo.

São Paulo's Palácio de Justiça (1929-1933) is of neoclassical style. Its luxurious baroque interiors are marbled and decorated with panels, stained glass, murals and paintings. Designed by the architect Ramos de Azevedo.

FOTOS DANIEL DUCCI / SÃO PAULO

Nos últimos anos, vem crescendo a procura dos paulistanos por espaços de lazer a céu aberto. Nesse movimento, aumentou a frequência de pedestres nos feriados e domingos na via elevada, o Minhocão, gerando melhoras pontuais nas edificações do entorno.

In the last years, the demand for outdoor recreational spaces by the people from São Paulo has been growing. With that, the amount of pedestrians increased on holidays and Sundays on the elevated road, the Minhocão, generating occasional improvements in the surrounding buildings.

O Edifício Washington (1949) é um dos belos exemplares arquitetônicos localizados na região da Santa Cecília. Foi projetado por Bernardo Rzezak e é lindeiro ao Elevado Costa e Silva, equipamento viário que provocou a desvalorização dos imóveis que o margeiam.

The Ed.Washington (1949) is one of the beautiful architectural examples located in the Santa Cecilia area. It was designed by Bernardo Rzezak and is close to the Costa and Silva bridge, road equipment that caused the decline of the properties around it.

Programada para ser inaugurada no primeiro semestre de 2018, a nova unidade do Sesc, na Avenida Paulista, foi projetada pelo escritório Königsberger Vannucchi Arquitetos Associados a partir de uma torre comercial concebida na década de 1970 pelos arquitetos Sérgio Pileggi e Euclides de Oliveira.

Scheduled to be inaugurated in the first half of 2018, the new Sesc unit on Paulista Avenue was designed by the Königsberger Vannucchi Associates Architects office from a commercial tower designed in the 1970s by architects Sérgio Pileggi and Euclides de Oliveira.

De autoria da Triptyque Arquitetura, o complexo residencial POP XYZ (2010-2016) ocupa um terreno com forte desnível no bairro de Vila Madalena. Paisagismo tropical e alusão à azulejaria aplicada à arquitetura são marcas do projeto, que conta com torres isoladas, conectadas por passarelas metálicas ao núcleo de elevadores e escadas.

Authorship by Triptyque Architecture, the residential complex POP XYZ (2010-2016) occupies an area with a strong unevenness in the Vila Madalena neighborhood. Tropical landscaping and an allusion to tile applied to the architecture are the project trademarks, which has isolated towers, connected by metal walkways to the elevators and stairs center.

A Catedral Metropolitana de São Paulo (1913-1954) foi projetada pelo arquiteto alemão Maximilian Emil Hehl. Seu estilo é eclético, com influência do neogótico.

Catedral Metropolitana de São Paulo (1913-1954) was designed by the German architect Maximilian Emil Hehl. His style is eclectic, influenced by the neo-Gothic.

O Edifício Copan (1966), sinuoso conjunto residencial projetado por Oscar Niemeyer com a colaboração de Carlos Lemos, é uma das mais famosas construções modernas do Brasil.

The Copan Building (1966), a sinuous residential complex designed by Oscar Niemeyer with the collaboration of Carlos Lemos, is one of Brazil's most famous modern buildings.

A Infinity Tower (2012) é uma das sofisticadas torres de escritório de última geração construídas em São Paulo. A arquitetura é dos norte-americanos da KPF, com a participação do escritório aflalo/gasperini arquitetos.

Infinity Tower (2012) is one of the sophisticated state-of-the-art office towers built in São Paulo. Architecture by the North American KPF, with the collaboration of the aflalo / gasperini architects office.

Pioneiro na arquitetura multifuncional moderna brasileira e uma das mais importantes edificações da Avenida Paulista, o Conjunto Nacional (1955-1958) é assinado pelo arquiteto David Libeskind.

Pioneer in the modern multifunctional Brazilian architecture and one of the most important buildings in Paulista Avenue, Conjunto Nacional (1955-1958) is signed by architect David Libeskind.

Um dos primeiros edifícios residenciais no Centro de São Paulo, o Condomínio Edifício Viadutos (1950), projetado por Artacho Jurado, se situa em uma das extremidades do viaduto que transpassa a Avenida 9 de Julho, importante corredor viário da cidade. A sua cobertura abriga um terraço panorâmico.

One of the first residential buildings in Downtown São Paulo, the Condomínio Edifício Viadutos (1950), designed by Artacho Jurado, is located at one end of the viaduct that crosses 9 de Julho Avenue, an important road corridor for the city. Its penthouse houses a panoramic terrace.

O edifício comercial Acal (1974), projeto de Pedro Paulo de Melo Saraiva em associação com Sérgio Ficher e Henrique Cambiaghi Filho, fica no Jardim Paulistano. Possui lojas no térreo e 12 andares de escritórios, cujas fachadas externas são compostas por módulos geométricos de concreto aparente.

The commercial building Acal (1974), project by Pedro Paulo de Melo Saraiva in association with Sérgio Ficher and Henrique Cambiaghi Filho, is in Jardim Paulistano. It has shops on the ground floor and 12 floors of offices, whose external facades are composed of geometric modules of exposed concrete.

O Palácio da Agricultura (1954) fez parte das edificações projetadas por Oscar Niemeyer para o complexo do Parque Ibirapuera. De 1959 a 2008 foi utilizado como sede do Departamento Estadual de Trânsito (Detran), mas em 2012 sua vocação para espaço cultural foi retomada com a instalação no local do Museu de Arte Contemporânea da Universidade de São Paulo (USP).

Palácio da Agricultura (1954) was part of the buildings designed by Oscar Niemeyer for the Ibirapuera Park complex. From 1959 to 2008 it was used as the headquarters for the State Department of Traffic (Detran), but in 2012 its vocation for cultural space was resumed with the on-site installation of São Paulo University (USP) Museum of Contemporary Art.

A obra *Ave-Maria 1* (1955), composta pelas estátuas de dois anjos voltados para uma cruz central, adorna o Túmulo da Família Scuracchio, no Cemitério São Paulo. É de autoria de Victor Brecheret.

The Ave-Maria 1 (1955) piece, composed by the two angels statues facing a central cross, adorns the Scuracchio Family's grave, in the São Paulo Cemetery. Its author is Victor Brecheret.

Exemplo da arquitetura *art déco* em São Paulo, o antigo Banco de São Paulo (1935-1938) foi projetado pelo arquiteto Álvaro de Arruda Botelho.

An example of São Paulo's art deco architecture, the former Banco de São Paulo (1935-1938) was designed by the architect Álvaro de Arruda Botelho.

A Catedral Metropolitana de São Paulo (1942-1954), com estilo bizantino, foi concebida pelo arquiteto Paulo Taufik Camasmie.

Catedral Metropolitana de São Paulo (1942-1954), with Byzantine style, was concieved by the architect Paulo Taufik Camasmie.

O projeto da Estação Sumaré do metrô de São Paulo (1988) foi comandado pelo arquiteto Wilson Bracetti, membro do Departamento de Arquitetura da Cia. do Metrô de São Paulo. Transpassando a Avenida Doutor Arnaldo pelo espaço aéreo, é um misto de obra pública e de infraestrutura urbana.

The São Paulo Sumaré subway Station project (1988) was led by the architect Wilson Bracetti, member of the São Paulo subway company Department of Architecture. Crossing Doutor Arnaldo Avenue through airspace, it is a mix of public works and urban infrastructure.

Conjunto de uso misto denominado Top Towers (2005-2008), com arquitetura assinada pelo escritório Königsberger Vannucchi Arquitetos Associados. As torres residenciais são escalonadas e têm terraços proeminentes que destacam a edificação do entorno.

Multi purpose complex called Top Towers (2005-2008), with architecture signed by the Königsberger Vannucchi Associated Architects office. The residential towers are staggered and have prominent terraces highlighting the surrounding construction.

FOTOS JOANA JARDIM / RIO DE JANEIRO

A Casa das Canoas (1951-1953), de autoria de Oscar Niemeyer. Foi sua morada e representa a comunhão entre arquitetura, arte e natureza, característica essencial de sua produção.

Casa das Canoas (1951-1953), by Oscar Niemeyer. It was his home and represents the communion between architecture, art and nature, an essential characteristic of his work.

Icônica edificação *art déco* do Rio de Janeiro, o Edifício Biarritz fica na Praia do Flamengo. Seu projeto remete aos anos 1940 e é de autoria dos arquitetos franceses Henri Sajous e Auguste Rendu. Nesta foto, são vistas as sacadas em meia-lua do prédio.

Iconic Art Deco building in Rio de Janeiro, Biarritz Building is on Flamengo Beach. Its project dates back to the 1940s and is signed by the French architects Henri Sajous and Auguste Rendu. In this photo, the building's half-moon shaped balconies can be seen.

A onipresença da natureza na vida urbana do Rio de Janeiro.

Nature's omnipresence in the urban life in Rio de Janeiro.

Hotel Nacional (atual Gran Meliá Nacional Rio de Janeiro), em São Conrado: edificação projetada por Oscar Niemeyer na década de 1970, com paisagismo de Burle Marx.

Hotel Nacional (current Gran Meliá Nacional Rio de Janeiro), in São Conrado: building designed by Oscar Niemeyer in the 1970s, with landscaping by Burle Marx.

As curvas da arquitetura e do relevo montanhoso encontram-se em perfeita sinergia neste projeto de Oscar Niemeyer para o Museu de Arte Contemporânea de Niterói. Inaugurado em 1996, o edifício se tornou um ícone da cidade.

The architecture curves and mountainous relief are in perfect synergy in this Oscar Niemeyer project for the Niterói Contemporary Art Museum. Opened in 1996, the building has become a city icon.

Imagem aérea, feita através de drone, da orla carioca. A visão quase plana tem efeito gráfico.

Rio's waterfront aerial image, made by a drone. The almost flat view has a graphic effect.

Os painéis perfurados da fachada do Hotel Emiliano (2013-2017) são de estilo contemporâneo. A arquitetura é da Oppenheim Architecture e do Studio Arthur Casas.

The Emiliano Hotel (2013-2017) perforated panels on the facade are contemporary in style. The architecture is by the Oppenheim Architecture and the Arthur Houses Studio.

Atual sede do Instituto Moreira Salles (IMS), no Rio de Janeiro, a chamada Casa da Gávea (1948-1951) foi projetada por Olavo Redig de Campos para a família do embaixador Walther Moreira Salles. Implantada em torno de um pátio, a casa tem uma sobriedade arquitetônica que contrasta com a exuberância do paisagismo de Burle Marx.

Current Rio de Janeiro's Moreira Salles Institute (IMS) headquarters, the so-called Casa da Gávea (1948-1951) was designed by Olavo Redig de Campos for the Ambassador Walther Moreira Salles' family. Set around a courtyard, the house has an architectural sobriety that contrasts with the lushness of the landscaper Burle Marx.

Os cobogós da Casa da Gávea (IMS-RJ) são feitos com concreto e, embora referenciais da arquitetura vernacular, têm linguagem ornamental, luxuosa.

The Casa da Gávea cobogos (IMS-RJ) are made with concrete and, although referential of the vernacular architecture, they have ornamental, luxurious language.

Monumento Nacional aos Mortos da Segunda Guerra Mundial, inaugurado em 1960 na Praia do Flamengo e projetado por Marcos Konder Netto e Hélio Ribas Marinho. A ideia era integrar o espaço construído à paisagem da Baía de Guanabara, emoldurada por esculturas de Alfredo Ceschiatti e Júlio Catelli Filho.

National Monument to the Deceased of the Second World War, inaugurated in 1960 in Flamengo Beach and designed by Marcos Konder Netto and Hélio Ribas Marinho. The idea was to integrate the built space to the Guanabara Bay scenery, framed by sculptures by Alfredo Ceschiatti and Júlio Catelli Filho.

A Praça do Conhecimento Padre Miguel (2009-2012) é um equipamento público destinado à difusão da cultura digital. Conta com auditório, sala para workshops e espaço central de convívio, acomodados à praça, cujas ondulações foram modeladas com o escombro remanescente da demolição de uma edificação inacabada existente no terreno. A autoria é dos arquitetos Dietmar Starke e Alexandre Pessoa.

Praça do Conhecimento Padre Miguel (2009-2012) is a public equipment for the diffusion of digital culture. It has an auditorium, a workshop room and a central space for interaction, accommodated in the park, whose undulations were modeled with the remnant debris from the demolition of an unfinished building in the lot. Project by the architects Dietmar Starke and Alexandre Pessoa.

Na Nave do Conhecimento Parque Madureira (2010-2012), o arquiteto Dietmar Starke criou espaços educativos e de convívio que remetem tanto à ideia de abrigo quanto à de tecnologia digital.

In the Nave do Conhecimento Parque Madureira (2010-2012), the architect Dietmar Starke created educational and social spaces that refer both to the idea of shelter and to digital technology.

Monumento à Abertura dos Portos, inaugurado em 1908 em comemoração ao centenário do decreto de livre comércio do período imperial. O projeto é do escultor francês Eugène Bénet e o monumento é composto por duas escadarias, balaustrada ornamentada com luminárias e duas figuras femininas feitas em bronze, simbolizando as atividades do comércio e da navegação.

Abertura dos Portos Monument, inaugurated in 1908 in celebration of the centenary of the free trade decree in the imperial time. The project is by the French sculptor Eugène Bénet and the monument consists of two staircases, ornate balustrade with lamps and two bronze female figures, symbolizing the activities of commerce and navigation.

O Theatro Municipal (1904-1909) foi o mais importante equipamento cultural implantado no Rio de Janeiro logo após a reformulação urbanística da sua região central, no início do século 20. De autoria do arquiteto francês Albert Guilbert e do engenheiro Francisco de Oliveira Passos, sua decoração interior contou com o trabalho de artistas como Eliseu Visconti, Rodolfo Amoedo e os irmãos Bernardelli. A suntuosidade do vestíbulo deriva da aplicação de vários tipos de mármore, ônix, espelhos e bronzes dourados. Nas varandas e áreas de espera destaca-se também o estilo Luís XV.

Theatro Municipal (1904-1909) was the most important cultural equipment implanted in Rio de Janeiro shortly after the urban redesign of its downtown area in the early 20th century. A project by the French architect Albert Guilbert and the engineer Francisco de Oliveira Passos, its interior decoration counted on the work of artists such as Eliseu Visconti, Rodolfo Amoedo and the brothers Bernardelli. The vestibule sumptuousness is derived from the application of various types of marble, onyx, mirrors and gilded bronzes. On the balconies and waiting areas the Louis XV style stand out.

Localizado sob a plateia do Theatro Municipal do Rio de Janeiro, o Salão Assyrio, que abriga um restaurante, tem decoração exótica. Há controvérsias na definição do seu estilo, se persa ou mourisco, mas a exuberância se dá sobretudo pelo requinte da azulejaria.

Located under Rio de Janeiro Theatro Municipal auditorium, the Assyrio Room, which houses a restaurant, has an exotic decoration. There are controversies in the definition of its style, if Persian or Moorish, but the exuberance is given mainly by the refinement of its tiles.

A exuberância decorativa da Confeitaria Colombo é filiada ao estilo *art nouveau*, em que se destacam as formas orgânicas, as linhas entrelaçadas e as composições geométricas nos vitrais e frisos e na clarabóia de vidro. Inaugurada em 1894, sua feição atual foi sendo criada ao longo de reformas ocorridas sobretudo entre 1912 e 1918 e em 1922, quando se construiu o segundo andar da edificação.

The decorative exuberance of Confeitaria Colombo is affiliated with the art nouveau style, in which the organic shapes, the interlaced lines and the geometric compositions in the stained glass and friezes and the glass skylight stand out. Inaugurated in 1894, its current shape was created along renovations that mainly took place between 1912 and 1918 and in 1922, when the second floor was built.

No saguão de entrada do Edifício Petronio (1936) sobressai a vertente geométrica do *art déco*.

In the Petronio Building (1936) entrance hall, the art deco geometric aspect stands out.

O Palácio do Catete foi sede da Presidência da República. Construído para abrigar a residência de um barão do café, é uma edificação luxuosa cercada por pátios e jardins.

Palácio do Catete was the headquarter for the Republic Presidency. Built to house the residence of a coffee baron, it is a luxurious building surrounded by courtyards and gardens.

Uma praça aberta para a Baía de Guanabara integra as edificações do Teatro Popular de Niterói e da Fundação Oscar Niemeyer, projetadas pelo arquiteto carioca. União entre arte, arquitetura e natureza.

An open park for Guanabara Bay integrates the Teatro Popular de Niterói and the Oscar Niemeyer Foundation buildings, designed by the carioca architect. Union between art, architecture and nature.

O Museu de Arte do Rio (MAR) foi inaugurado em 2013 na região portuária da cidade. A arquitetura é do extinto escritório Bernardes Jacobsen Arquitetura e o programa é o de um museu atrelado à escola extracurricular, dedicada às artes. Estão integradas duas edificações vizinhas: o Palacete Dom João VI e a que abrigou a primeira estação rodoviária da cidade. Da série de intervenções contemporâneas, destaca-se a cobertura ondulada de concreto que integra as duas construções.

Museu de Arte do Rio (MAR) opened in 2013 in the city's port area. The architecture is by the now extinct Bernardes Jacobsen Architecture office and the agenda is that of a museum attached to the extracurricular school dedicated to the arts. Two neighboring buildings are integrated: the Dom João VI Palace and the one that housed the first bus station in the city. From the contemporary interventions series, the wavy concrete covering that integrates the two, stands out.

FOTOS JOANA JARDIM / RIO DE JANEIRO

O francês Christian de Portzamparc é o autor do complexo cultural Cidade das Artes (2002-2012).

Frenchman Christian de Portzamparc is the author of the Cidade das Artes cultural complex (2002-2012).

O Conjunto Residencial Prefeito Mendes de Moraes, mais conhecido como Pedregulho (1947-1958), é uma das mais importantes obras do arquiteto moderno Affonso Eduardo Reidy. Localizado numa encosta de morro no bairro de São Cristóvão, seu bloco residencial principal (272 apartamentos) acompanha a curva da topografia.

Conjunto Residencial Prefeito Mendes de Moraes, better known as Pedregulho (1947-1958), is one of the most important pieces by modern architect Affonso Eduardo Reidy. Located on a hillside in São Cristóvão neighborhood, its main residential building (272 apartments) follows the topography curve.

Vista da orla e das montanhas, na região da Barra da Tijuca.

View of the waterfront and mountains in the Barra da Tijuca area.

O Hotel Copacabana Palace (1917-1923) foi projetado pelo arquiteto francês Joseph Gire por encomenda da família Guinle. Sua arquitetura neoclássica sofreu a influência dos grandes hotéis do balneário francês na virada para o século 20.

The Copacabana Palace Hotel (1917-1923) was designed by the French architect Joseph Gire requested by the Guinle family. Its neoclassical architecture was influenced by the French resort great hotels in the turn of the 20th century.

Localizado na Glória, o Edifício Ipu foi inaugurado em 1935 para abrigar o Hotel Pax. O projeto arquitetônico em estilo *art déco* é de Ari Leon e Floriano Brilhante.

Located in Glória, the Ipu Building was inaugurated in 1935 to house the Pax Hotel. The architectural project in art deco style is by Ari Leon and Floriano Brilhante.

Edifício residencial de quatro pavimentos, o Guahy foi inaugurado em 1932 em Copacabana. Suas fachadas de granito configuram composição geométrica horizontal, com linhas em alto e baixo-relevo em que se alteram austeras tonalidades acinzentadas.

Four-storey residential building, the Guahy was inaugurated in 1932 in Copacabana. Its granite facades featured a horizontal geometric composition, with lines in high and low relief in which austere grayish tones change.

Em estilo eclético, o Edifício Seabra foi inaugurado em 1931 nas imediações do que viria a ser o Aterro do Flamengo. A luxuosa edificação, pioneira entre os prédios de apartamentos da cidade, foi projetada pelo arquiteto italiano Mario Vodret, o mesmo que concebeu o palacete do Parque Lage.

With an eclectic style, the Seabra Building was inaugurated in 1931 in the immediate vicinity of what would become Aterro do Flamengo. The luxurious building, pioneered among the city's apartment buildings, was designed by the Italian architect Mario Vodret, the same one who designed the Parque Lage Palace.

Detalhe do arco da fachada do Edifício Seabra, em que predomina o uso do granito.

Detail of the Seabra Building facade arch, in which the use of granite predominates.

A integração entre arquitetura e natureza (o mar e a montanha) é intensificada na orla do Rio de Janeiro. A geometria regular do construído faz um contraponto com a exuberância da paisagem.

The integration between architecture and nature (ocean and mountain) is intensified in Rio de Janeiro's waterfront area. The built regular geometry makes a counterpoint with the scenery's exuberance.

O Real Gabinete Português de Leitura foi criado por imigrantes portugueses que vieram para o Brasil no período imperial. Sua atual sede foi construída entre 1880 e 1887, conforme projeto do português Rafael da Silva e Castro.

The Real Gabinete Português de Leitura was created by Portuguese immigrants who came to Brazil in the imperial time. Its current headquarters was built between 1880 and 1887, according to project by Portuguese Rafael da Silva e Castro.

Projetado em estilo gótico-renascentista, o teto da Sala de Leitura do Real Gabinete Português de Leitura, no Centro do Rio de Janeiro, tem uma claraboia com estrutura de ferro.

Designed in a Gothic-Renaissance style, the Real Gabinete Português de Leitura ceiling, in Downtown Rio de Janeiro, has a skylight with iron structure.

A Biblioteca do Real Gabinete Português de Leitura possui obras raras, da história de Portugal, e também exemplares de literatura brasileira. É o maior acervo de livros portugueses no estrangeiro.

The Real Gabinete Português de Leitura library has rare pieces of the Portugal history, and also copies of Brazilian literature. It is the largest collection of Portuguese books abroad.

Vista do teto da Igreja de Nossa Senhora da Candelária, que foi sendo ampliada desde a inauguração do seu núcleo com uma nave, em 1881. O projeto arquitetônico (estilo dominante neoclássico) é do engenheiro militar português Francisco João Roscio, e as pinturas murais foram executadas por João Zeferino da Costa e sua equipe. O teto, em estuque, explora motivos geométricos e florais.

View of the Nossa Senhora da Candelária Church's ceiling, which has been expanded since the inauguration of its center with a nave, in 1881. The architectural design (neoclassical dominant style) is signed by the Portuguese military engineer Francisco João Roscio, and the mural paintings were done by João Zeferino da Costa and his team. The stucco ceiling explores geometric and floral themes.

Modernizado para a Copa do Mundo de 2014, o Estádio do Maracanã (Estádio Jornalista Mário Filho), inaugurado em 1950 também para sediar jogos do campeonato mundial de futebol, tem forma elíptica. Após a reforma projetada pelo escritório Fernandes Arquitetos, o estádio teve as arquibancadas remodeladas e sua cobertura de concreto foi substituída por uma membrana de estrutura leve. O colorido dos assentos e da iluminação homenageia a bandeira do Brasil.

Modernized for the 2014 World Cup, Maracanã Stadium (Journalist Mário Filho Stadium), inaugurated in 1950 also to host World Cup soccer games, it has an elliptical shape. After the reform designed by the Fernandes Architects office, the stadium had its stands redone and its concrete cover was replaced by a lightweight membrane. The seats and lighting colors are a tribute to the Brazilian flag.

No Brasil, a arte mural esteve muito presente nos primeiros edifícios modernos. Aqui, vê-se o painel de azulejos concebido por Candido Portinari para o Palácio Capanema, inaugurado em 1947 (Lucio Costa, Carlos Leão, Oscar Niemeyer, Affonso Eduardo Reidy, Ernani Vasconcellos e Jorge Machado Moreira, com a participação de Le Corbusier).

In Brazil, mural art was very present in the first modern buildings. Here we can see the panel of tiles designed by Candido Portinari for the Capanema Palace, inaugurated in 1947 (Lucio Costa, Carlos Leão, Oscar Niemeyer, Affonso Eduardo Reidy, Ernani Vasconcellos and Jorge Machado Moreira, with the participation of Le Corbusier).

   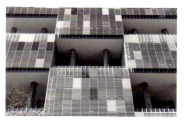

O Museu de Arte Moderna do Rio de Janeiro (1952-1963) é sustentado por 14 pórticos de concreto aparente. O projeto é assinado por Affonso Eduardo Reidy.

Rio de Janeiro Museum of Modern Art (1952-1963) is supported by 14 porticos of exposed concrete. A project signed by Affonso Eduardo Reidy.

De autoria do arquiteto espanhol Santiago Calatrava, o Museu do Amanhã (2012-2015) é uma grande obra escultórica que abriga atividades de arte e educação.

Designed by the Spanish architect Santiago Calatrava, Museu do Amanhã (2012-2015) is a great sculptural work that houses art and education activities.

Torre corporativa desenhada por Norman Foster para a região portuária e inaugurada em 2017.

Corporate tower designed by Norman Foster for the port area and inaugurated in 2017.

Edifício-sede da Petrobras (1968-1974), de autoria de Roberto Luis Gandolfi, José Sanchotene, Abrão Assad e Luis Fortes Netto. A racionalidade geométrica dos grupos de pavimentos alternados a pátios abertos é suavizada pelo paisagismo de Burle Marx concebido para estes jardins aéreos.

Petrobras headquarters building (1968-1974), by Roberto Luis Gandolfi, José Sanchotene, Abrão Assad and Luis Fortes Netto. The geometric rationality of pavements groups alternating with open patios is softened by Burle Marx's landscaping project for these aerial gardens.

A austeridade da forma cônica, moderna, da Catedral Metropolitana do Rio de Janeiro contrasta com o colorido dos vitrais que percorrem quase a totalidade dos seus 64 metros de altura interna. Inaugurada em 1976, tem projeto de Edgar Oliveira da Fonseca.

The austerity of Rio de Janeiro's Catedral Metropolitana conical, modern shape contrasts with the color of the stained glass windows that cover almost all of its 64 meters of internal height. Inaugurated in 1976, it is a project by Edgar Oliveira da Fonseca.

A porta de entrada do Edifício Itahy (1932), em Copacabana, é de ferro, adornado com motivos marinhos: algas, tartarugas e uma sereia. Ela é emoldurada por paredes laterais revestidas com cerâmica esmaltada na cor verde.

The Itahy Building (1932) entrance door, in Copacabana, is made of iron, adorned with marine themes: seaweed, turtles and a mermaid. It is framed by side walls lined with enameled ceramic in green color.

Cemitério São João Batista, túmulo de Santos Dumont.

São João Batista Cemetery, Santos Dumont's grave.

Vista da piscina que ocupa o pátio central do palacete do Parque Lage, projetado pelo arquiteto italiano Mario Vodret. O local foi residência do industrial Henrique Lage e, nos anos 1960, tornou-se um parque aberto à visitação pública.

Pool view that occupies Parque Lage palace central courtyard, designed by the Italian architect Mario Vodret. The place was home to the industrialist Henrique Lage and, in the 1960s, became a park open to public visitation.

Com fachada maneirista e interiores forrados com talha dourada no estilo rococó, o Mosteiro de São Bento foi fundado em 1590. Sua sede, no entanto, é do século 17.

With a Mannerist facade and interiors lined with gilded carvings in rococo style, Mosteiro de São Bento was founded in 1590. Its headquarters, however, is from the 17th century.

Vista noturna do Morro do Pavão-Pavãozinho, à direita, cuja distribuição irregular das janelas das casas contrasta com o padrão regular das aberturas do prédio vizinho, em Copacabana.

Morro do Pavão-Pavãozinho night view, on the right, whose irregular distribution of the house windows contrasts with the regular pattern of the neighboring building openings in Copacabana.

ARTE ENSAIO EDITORA LTDA. ©, 2017

Todos os direitos reservados para Arte Ensaio Editora Ltda.

All rights reserved to Arte Ensaio Editora Ltda.

CIP-BRASIL. CATALOGAÇÃO NA PUBLICAÇÃO
SINDICATO NACIONAL DOS EDITORES DE LIVROS, RJ

G939t

    Grunow, Evelise
    Traços / Evelise Grunow, Gringo Cardia. - 1. ed. -
Rio de Janeiro : Arte Ensaio, 2017.
252 p. ; 29 cm.

    ISBN 978-85-60504-99-2

    1. Arquitetura - Rio de Janeiro (RJ) - Obras ilustradas.
2. Arquitetura - São Paulo (SP) - Obras ilustradas.
I. Cardia, Gringo. II. Título.

17-45640   CDD: 720.981
                              CDU: 72(81)

25/10/2017   25/10/2017

Todos os esforços foram feitos para contatar
os detentores dos direitos das imagens.
Em caso de omissão, faremos todos os ajustes
possíveis na primeira oportunidade.

*All efforts were made to contact
the rights holders of the images.
In case of failure, we will make all possible
adjustments at the earliest opportunity.*